CHANT

DE

GUERRE,

CONTRE

L'AUTRICHE,

PRÉCÉDÉ DES TROIS SOEURS.

Par Théodore DÉSORGUES.

A PARIS,

Chez les Marchands de Nouveautés.

AN 7.

LES TROIS SŒURS.

LE POUVOIR DE LA POÉSIE.

CHANT LYRIQUE.

Quel revers brisa vos trophées,
Nimphes amante des guerriers !
Pour nos Héros, pour nos Orphées,
Pinde, n'est-il plus de lauriers !
Et toi, l'ornement de la Seine,
Toi, des cœurs noble souveraine,
O lyre, où sont tes doux concerts ?
Pareil à la voix fugitive
Qu'exhale ta corde plaintive,
Ton nom s'est perdu dans les airs.

O honte ! de son thrône antique
Précipitant le Dieu des Arts,
L'ambitieuse politique
L'exileroît de nos remparts !
Peuples, enfans de l'harmonie,
Tombez aux pieds de Polymnie,
J'entends ses généreux accords ;
Voyez, voyez ce char qui vole,
Et ces coursiers vainqueurs d'Eole,
Qui là ramènent sur nos bords.

A

O Vierge auguste, à mes hommages
Ouvre ton temple protecteur :
Que cet hymne, flambeau des âges,
S'allume à ton feu créateur.
A ces mots, par un doux sourire
Applaudissant à mon délire,
Elle m'invite à ses bienfaits :
Je monte, orgueilleux de mon guide,
Et son char, d'un élan rapide,
Franchit le seuil de son palais.

A peine elle se précipite
Dans ce labyrinthe enchanté,
Tout vit, tout parle, tout s'agite,
Tout brûle d'immortalité.
O vaste, ô sublime spectacle !
Chaque pas d'un nouveau miracle
Instruit ma pensée et mes yeux ;
Que de trésors pour la sagesse !
Quels sons divins partent sans cesse
De ces lambris harmonieux.

Dans mille éloquentes peintures
Dont ces murs brillans sont couverts,
Les passions, par leurs tortures,
Annoncent l'empire des vers.
Là, l'implacable fanatisme,
La licence, le despotisme,
S'étonnent de subir des loix :
Voilà ces tigres du Ryphée,

Ces lions que soumit Orphée
Par la puissance de sa voix.

La divinité qui m'entraîne,
Animant ces tableaux épars,
Des triomphes de l'Hippocrène
Repaît mes avides regards.
Soudain confusément mêlées,
Ces images accumulées.
De mes yeux passent dans mon cœur :
Elles brûlent de mon délire,
Et comme un torrent sur ma lyre
Roulent leur rapide fureur.

Rien, rien n'egale mon ivresse;
Ton prêtre, ô puissante Claros,
Moins terrible, annonce à la Grèce
Les décrets du Roi de Délos.
Plus fougueuse que la Bacchante
Qui sous le Dieu qui la tourmente
S'agite et se débat en vain,
Ma Muse ardente, impérieuse,
Dans sa route mystérieuse,
Poursuit ce Dédale divin.

Quel est ce monstre sanguinaire
Sans pitié comme sans remord ?
C'est toi, sombre tyran de Phère,
Rêvant sur des tables de mort.
Quoi tant de veuves éplorées,
Tant de mères désespérées

Font parler envain leurs douleurs !
Ah ! s'armant des sons d'Euripide,
Hécube à ton œil homicide
Arrache enfin ses premiers pleurs.

O chantre de Phèdre et d'Alceste,
Reçois mes tributs solemnels !
Qui peut de ta lyre céleste
Compter les bienfaits immortels ?
Que Mars, vengeur de Melpomène,
Punisse ton ingrate Athène ;
Tu la couvres de tes lauriers,
Et dans la Sicile attendrie,
Tes vers qui charmaient ta patrie
Nourrissent encor ses guerriers.

Plus loin, quelle scène riante
Appelle mes regards surpris !
Le Faune et l'agile Bacchante
Entourent le char de Cypris.
Un vieillard dansant sur leurs traces,
Reçoit son luth des mains des Grâces
Et chante les airs de Teos ;
Il chante, et son aimable ivresse
Ramenant l'heureuse allégresse,
Adoucit les fers de Samos.

Laissons, laissons à des esclaves
Le lut folâtre des amours ;
Peuples, pour briser vos entraves,
D'Alcée implorez les secours !

Ses vers comme les traits d'Alcide,
Frappant un despote homicide;
Portent le destin des États.
Qu'il tombe immolé par la haine;
Il a le sort du fils d'Alcmène,
Il triomphe après son trépas.

Salut, Législateurs antiques;
O Lycurgue, ô divin Solon!
Vos immortelles Républiques
Sont sous la garde d'Apollon.
Là, préludant à vos conquêtes,
Au Cirque, au Sénat, dans vos fêtes,
Les Muses vous prêtent leur voix,
Et la Grèce aux champs du carnage
Vous offrant un sanglant hommage,
Par leurs foudres défend vos loix.

Ah! que la discorde barbare
De Sparte assiège les enfans,
Therpandre oppose la Cythare
A ses homicides serpens:
Par ses vers et par son courage,
Lycurgue, il sauve ton ouvrage,
Que menaçait un peuple entier;
Et son front, dans Lacédémone,
Orné d'une triple couronne,
L'embellit de nouveaux lauriers.

Mais que vois-je! quelle épouvante
Disperse au loin tous ces héros;

Messène est deux fois triomphante,
Sparte deux fois perd ses drapeaux.
O Sparte applaudis au parnasse,
Tyrtée enflâmmant ton audace
Vient fixer le sort des combats :
Tout cède ; et sa lyre hautaine
Sur les murs vaincus de Messène
Bénit les neuf sœurs et Pallas.

Quoi ! toujours la Perse indocile
Des arts bravera le berceau ?
Que le chantre du grand Achille
Enfante un Achille nouveau.
Tremblez, despotes de l'Asie,
La Grèce par vous envahie
Deux fois dut venger ses revers ;
Un autre Ilion est en cendres,
Et par le glaive d'Alexandre
Homère a conquis l'univers.

Ah ! loin les horreurs de la guerre,
Loin ces homicides succès ;
Muses, pour consoler la terre,
Vous ramenez l'aimable paix.
C'est vous, qui formant sa couronne
Des lauriers cueillis par Bellone,
Amollissez le Roi des Dieux ;
Vous domptez son aigle indomptable
Et de sa foudre infatigable
Vous eteignez les triples feux.

Qu'ai-je dit ! du profond Tartare
Nos chants appaisent le courroux ;
Par vous le monde se répare,
Les cités renaissent par vous.
Non, non ce n'est point un prestige ;
Un vain et fabuleux prodige
Offert aux crédules humains ;
C'est une merveille immortelle
Qui réalise et renouvelle
Le miracle des murs Thébains.

Oui, que ce géant implacable
Par le dieu tonnant abimé,
Sous le poids du mont qui l'accable,
Vomisse un déluge enflammé :
Les Muses sauvant la Sicile
Des traits de ce monstre indocile,
Vengent la cité d'Hiéron,
Et je vois Enna plus brillante,
Sortir de sa lave brûlante
A la voix d'un autre Amphion.

Pindare, ton fécond délire
A créé ces nouveaux remparts :
Quel monarque eût pu, sans ta lyre,
Rassembler ces peuples épars ?
Tu transportes par ton ivresse
Les jeux, les pompes de la Grèce
Au pied du mugissant Ethna ;
Et déjà, dans leur course avide,
Les chars d'Olimpe et de l'Elide
Dévorent les palmes d'Enna.

Que désormais l'affreux Typhée
Calme ses foudres souterrains ;
O lyre, sa rage étouffée
Consacre tes sons souverains.
Dès ce jour, Cérès plus facile,
De ses dons couvre la Sicile
Où règne le premier des arts ;
Et cet Ethna, fléau du monde,
Devient la mammelle féconde
Qui doit nourrir les fils de Mars.

Sur ces triomphes du génie,
Mes yeux encore étaient ouverts ;
Que ces tableaux, dit Polymnie,
Instruisent par toi l'univers.
Va, cours, à l'Ethna politique
Qui menace ta République,
Oppose des sons éloquens ;
Et volant sur toutes les bouches,
Dompte les passions farouches,
Plus terribles que les volcans.

Si ta généreuse contrée
Invincible par mes accords,
De l'Europe en vain conjurée,
Repoussa les puissans efforts,
De la Grèce, dans ta patrie,
Transportant l'image chérie,
Va lui retracer mon pouvoir ;
De Pindare imite l'exemple,
Et toi-même un jour dans ce temple,
Près de lui tu viendras t'asseoir.

A ces mots, d'un trait Olimpique,
Pindare arme son bras vainqueur,
L'agite, et d'un regard lyrique
Le jette brûlant dans mon cœur.
Soudain à mes yeux tout s'efface,
Je ne vois plus et le Parnasse,
Et Polymnie et son palais :
Assis sur les bords de la Seine,
A cette sœur de l'Hippocrène,
Muses, je redis vos bienfaits.

LE POUVOIR DE LA PEINTURE.

AU sein de la nouvelle Athène
Qui flétrit cet art séducteur,
Rival brillant de l'Hypocréne,
Et dont l'amour fut l'inventeur?
Ombres d'Appelle et de Timante,
De Zeuxis et de Cléophante,
Secondez mon noble dessein :
Venez, triomphant des ténèbres,
Vous mêler aux mânes célèbres,
De le Sueur et du Poussin.

Que l'équitable poésie,
O peinture venge tes droits!
Loin, loin la basse jalousie,
Une sœur implore ma voix.
O Muse ! aimable enchanteresse,
Si tu m'étalas dans la Grèce
Les miracles de ton palais ;
Sur ces bords riches de tes veilles,
Courons adorer les merveilles
D'un art qui traça tes bienfaits.

Où suis-je ! quel songe m'abuse !
Est-ce là ce fleuve amoureux,
Qui loin de sa belle Aréthuse,
Poursuit son cours voluptueux ?

Grossissant son onde écumante,
Des flots que vomit l'Érymante,
O Pise ! il baigne tes remparts ;
Et fier de tes jeux Olympiques,
Il vient dans tes murs poëtiques,
Contempler la lutte des arts.

Voilà cette lice immortelle
Où préside le roi des cieux ;
Champ de gloire qui lui rappelle
L'Olympe où l'adorent les Dieux ;
Là les sages Hellanodices,
Se rassemblant sous ces auspices,
Gravent leurs décrets sur l'airain ;
Et près d'eux, ô fils de Saturne,
Je vois étinceler ton urne,
Des jeux arbitre souverain.

Cessez, intrépides athlètes,
De charmer mon œil étonné ;
Des orateurs et des poëtes,
Déjà le front est couronné :
L'Hyppodrome, aux cris de la Grèce,
Ne mêle plus dans son ivresse,
Le bruit des chars et des coursiers ;
Le génie occupe le stade ;
Venez enfans de Dibutade,
Conquérir de justes lauriers.

Quel prélude enchanteur m'appelle !
Quels sont ces deux peintres rivaux,

Qui pour cette lutte nouvelle,
Etalent leurs brillants travaux ?
O peintre ingénieux d'Hélène !
Ouvre cette éclatante scène ;
Parrazius est devant toi !
Fier d'une cour qui l'environne,
Sous la pourpre et sous la couronne,
Il affecte l'orgueil d'un roi.

Dans une riante corbeille
Zeuxis peint les dons de Bacchus ;
L'éclat de leur grappe vermeille,
Tente les oiseaux de Vénus :
Séduit par ce savant prestige,
Leur bec jaloux, à ce prodige
S'attache avec avidité ;
Et Pise réclamant leur proie,
Applaudit par un cri de joie,
Au peintre heureux de la beauté.

A ce vaste et rapide hommage,
Qu'il lève un front victorieux !
Son rival expose un ouvrage,
Qu'un voile cache à tous les yeux ;
La Grèce attend dans le silence ;
Zeuxis impatient s'élance,
Tire le magique rideau ;
O du pinceau pouvoir suprême !
L'art trompe l'artiste lui-même ;
Ce voile feint est le tableau.

Sur leurs pas quelle noble élite
Accourt dans ces jeux solemnels ?
Là, l'intrigue cède au mérite,
Là, le génie a des autels ;
Quels sentimens doux et terribles,
Porte dans les ames sensibles,
Cet art interprête des cœurs ?
O que d'illusions sublimes,
Et que de leçons magnanimes,
Reçoit ce peuple de vainqueurs !

Là Timante offre dans l'Aulide,
Ce roi chef de vingt potentats,
Sa fille à l'autel homicide,
Sur chaque front lit son trépas ;
Des Dieux sur-tout pleure la haine,
Pleure, fatal époux d'Hélène,
Et pâlis d'un double malheur !
Hélas ! je cherche en vain la mère ;
Ah ! combien dut souffrir le père !
Timante a caché sa douleur.

Euphranor soudain se présente ;
Euphranor cher à l'Hélicon,
Sur la toile reçonnoissante,
Peint le sourire d'Apollon :
Avec le charme heureux de l'âge,
S'épanouit sur son visage,
La fleur de la Divinité.
Accourez, chantres d'Aonie !
Son œil enfante l'harmonie,
Et donne l'immortalité.

Peintre sublime, quel délire,
Réveille ton puissant tableau !
Le Dieu commande à chaque lyre
De rendre hommage à ton pinceau ;
Un même élan ravit la Grèce,
Le vieillard, dans sa jeune ivresse
Reprend son luth abandonné ;
L'enfant s'enflamme à ce spectacle,
Et d'un poëtique miracle,
Enrichit le Pinde étonné.

Fuyez cette savante lice,
Fuyez vains oppresseurs des arts !
Appelle, pour votre supplice,
Offre un chef-d'œuvre à vos regards.
Exilé par la calomnie,
Il peint ce tyran du Génie,
Qui sept ans flétrit ses succès :
Monstre qu'épargna son silence,
Viens, viens contempler sa vengeance ;
Sept ans il traça tes forfaits.

Oh ! combien l'innocence auguste
Intéresse dans la douleur !
Triomphe, Appelle, un peuple juste
Admire et pleure ton malheur :
A tes pieds déjà le coupable
Que ce tableau vengeur accable,
Tombe de remords combattu ;
Et se levant l'Aréopage,
Honore d'un égal hommage,
Et ton talent et ta vertu.

Mais quel peintre dans son aurore
Se mêle à ces maîtres fameux !
Un feu secret qui le dévore
Brille dans son œil langoureux ;
Amour, si d'une tendre amante
Tu dirigeas la main tremblante,
Pour enfanter un art chéri ;
D'un art qui soutint ta puissance,
Dans Pise atteste la naissance,
En couronnant ton favori.

Un prix vulgaire, à cette lice,
N'appelle point Aëtion ;
La fille d'un Hellanodice
Est sa plus douce ambition :
Que la toile à ses feux sensible,
Du cœur d'une amante inflexible,
Par lui triomphe dans ce jour ;
Victime d'un orgueil sévère,
Il vient à la rigueur du père,
Offrir l'ouvrage de l'amour.

O Grèce ! aux pieds d'une Persanne,
Vois des Persans l'heureux vainqueur !
Aëtion peint dans Roxane
La beauté qui dompta son cœur :
Quel charme embellit la nature !
Tombez voile, bandeau, ceinture ;
Le conquérant bénit ses fers ;
L'amitié l'éclaire et le guide,
L'amour tient son glaive homicide,
Et rit du sort de l'univers.

Accours amante inexorable,
Viens sentir la douce pitié !
Ton père, ce juge équitable,
Eprouve déja l'amitié :
Aux traits d'une fille chérie,
Quelle touchante rêverie,
Agite son cœur incertain ?
En proie à l'image adorée,
Il se lève, et l'urne sacrée
Echappe en roulant de sa main.

Bénis ton sort, peintre sensible !
L'amour deux fois te rend vainqueur ;
Ton art, d'une belle inflexible
A fléchi l'injuste rigueur :
Dans cette lice fortunée,
Achève un second hyménée,
Épisode de ton tableau ;
La Grèce, par la main d'un père,
T'offre une amante pour salaire,
Et réalise ton pinceau.

C'en est fait ; suspendons ma lyre ;
O fils de l'immortalité,
Venez, mêlant notre délire,
Vengeons la vertu, la beauté !
Puissent leur éclat et leur gloire,
Durer autant que leur mémoire,
Vivre sur le double Hélicon ;
Mais hélas ! du courroux de l'âge
Zeuxis ne sauve qu'une image ;
Pindare ne sauve qu'un nom.

LE POUVOIR DE LA MUSIQUE.

DU fils belliqueux de Pélée
La Grèce pleurait le trépas,
Et sur son récent mausolée,
Accusait dix ans de combats :
Tous les chefs frappés de sa perte,
Par la voix du fils de Laërte,
Imploraient enfin leur retour,
Et déjà les enfans d'Atrée,
Sacrifiaient à leur contrée,
Et leur orgueil et leur amour.

   Soudain le nourricier d'Achille,
Chiron, paraît à leurs regards ;
Chiron, dont le savoir fertile
Embrasse à la fois tous les arts ;
Fils de Saturne et de Phyllire,
Il tient cette éloquente lyre,
Réveil et charme des héros,
Que touchait Achille lui-même,
Et ce jeune Néoplotême
Qui le suit des champs de Scyros.

   Oh ! que sa présence imprévue
Ranime l'espoir du guerrier !
Tout le camp s'arrête à la vue
De ce vieillard, homme et coursier :

Il s'avance, et ses yeux en larmes,
Contemplant la tombe et les armes,
D'un héros formé dans ses bras ;
Il montre son fils à la Grèce,
Et sur sa lyre vengeresse,
Il chante l'hymne des combats.

Quoi ! Priam foulerait la cendre
D'un guerrier tant de fois vainqueur,
Aux bords de ce même Scamandre
Qu'il a dompté par sa valeur !
Vous, qui jurâtes dans l'Aulide,
De laver dans un sang perfide,
L'honneur de la Grèce outragé !
A vos vœux serez-vous parjures !
Achille vengea vos injures ;
Qu'Achille par vous soit vengé.

Aux armes ! brisons ces murailles !
Sous ces tours écrasons Pâris !
Qu'Ilion par ses funérailles
Soulage le deuil de Thétis !
Quelle ombre de ce mausolée,
S'élance, pâle, échevelée ?
Achille, Achille vit encor :
Le voilà, le voilà lui-même !
Aux armes ! dans Néoptolême,
Je vous rends le vainqueur d'Hector.

Il dit : rivale du tonnerre,
Sa lyre embrâse au loin les cœurs ;

Tout le camp, par un cri de guerre,
Poursuit ses chants triomphateurs;
Atride dans les rangs s'élance;
Diomède agite sa lance;
Ajax saisit son bouclier;
Et Pirrhus dévorant sa proie,
Le premier se jette dans Troye,
Montrant Achille tout entier.

Que Thèbe, ô puissante harmonie,
S'élève à la voix d'Amphion!
Sous les foudres de Polymnie,
S'écroulent les murs d'Ilion.
Jupiter, secondant son frère,
Embrâse une ville adultère,
C'en est fait, Ilion n'est plus;
Et Priam, auguste victime
De son fils expiant le crime,
Tombe sous le fer de Pirrhus.

Chiron, par sa lyre sensible,
Traîne le soldat frémissant,
Au pied de l'autel inflexible,
Où le roi nage dans son sang :
Par ce roi qui tout seul expire,
Par la chûte de son empire,
Il instruit encor la valeur;
Il peint le néant de la gloire,
Et dans le sein de la victoire,
Il chante l'hymne du malheur.

Il est tombé, ce fier monarque,
Entouré d'immenses débris !
Là, sous ses yeux, l'avide Parque
Moissonna ses cinquante fils !
O Pirrhus ! sa bouche tremblante,
Ici baisa la main sanglante,
De ton père, hélas ! trop cruel :
Plus humain, calme ta furie,
Et crains qu'un Dieu dans ta patrie,
Ne te garde un semblable autel.

Et vous Grecs, vous puissans Atrides,
Retenez vos bras triomphans ;
Épargnez ces femmes timides,
Protégez ces faibles enfans.
Songez que le vaste Neptune,
Vengeant sur vous leur infortune,
Vous peut briser sur un écueil ;
Et que le parjure hyménée,
Sous votre couche profanée,
Vous cache peut-être un cercueil.

Il dit : sur les vainqueurs de Troye,
Sa lyre épanchant ses douleurs,
Dompte leur homicide joie,
Et leur ravit d'augustes pleurs ;
Roulant dans leur ame orgueilleuse,
La fortune capricieuse,
Ils accusent l'ambition ;
Et frappés d'un juste présage,

Ils semblent lire leur naufrage
Sur les ruines d'Ilion.

Le grand maître de l'harmonie
S'instruit à leur abattement,
Et par les accords d'Ionie,
Réveille un plus doux sentiment;
Rappelant soudain l'allégresse,
Il montre aux héros de la Grèce,
Les filles des enfans de Tros;
Et touchant sa lyre divine,
Sur la corde la plus voisine,
Il chante l'hymne de Paphos.

Loin, loin Bellone et son tonnerre!
Goûtons les plaisirs de l'amour;
L'amour a commencé la guerre,
Qu'il la termine dans ce jour.
Voyez ces captives en larmes!
Quel désordre embellit leurs charmes,
Que d'attraits parent leurs douleurs!
Des Dieux la sagesse profonde,
Pour les héros forma le monde,
Et la beauté pour la valeur.

Triomphe ! aux faveurs de la gloire,
Mêlons les faveurs de Vénus;
Fesons oublier la victoire,
Aux veuves même des vaincus.
Que Bacchus préside à nos fêtes;

Tentons de plus douces conquêtes,
Allions le thyrse aux lauriers.
Evohé ! ma coupe est sacrée,
Bacchus est cher à Cythérée,
Bacchus est l'ami des guerriers.

Son exemple entraîne la Grèce,
Et dans les ames tour-à-tour,
Il verse avec sa triple ivresse,
Bacchus, Polymnie et l'amour.
Au milieu de Pergame en cendre,
Ajax soupire pour Cassandre,
Pirrhus pour la veuve d'Hector,
Ulysse appaise Polyxène,
Et Ménélas reprend Hélène
Que sa faute embellit encor.

Quel repentir chaste et sublime,
Voile son front humilié !
Ménélas, ton cœur magnanime
Gémit d'amour et de pitié.
Dissipant ton chagrin farouche,
Chiron par degrés, de ta bouche,
Arrache un pardon généreux,
Et dans l'ame de l'infidelle,
Rallumant une ardeur nouvelle,
Il resserre vos premiers nœuds.

Déjà sa lyre souveraine,
Appaise la voix du malheur,

Elle éteint l'injure et la haine,
Et le remords et la douleur ;
Et si ces beautés gémissantes,
Qu'affligent des pertes récentes,
Repoussent un tendre desir ;
Chiron dissipant leurs alarmes,
A leurs yeux humectés de larmes,
Fait sourire au moins l'avenir.

Mais c'est trop savourer l'ivresse
D'un sentiment voluptueux ;
Réveillez-vous ; fils de la Grèce
Leur dit ce chantre impérieux ;
Réveillez-vous, que la patrie,
Porte dans votre ame attendrie,
De plus généreuses ardeurs ;
Et qu'un amour pur et sublime,
Par une flamme légitime,
De Troye embrâse les vainqueurs.

Oh ! combien la patrie absente,
Est chère après tant de travaux !
De notre Grèce triomphante,
Aulide, revois les vaisseaux ;
Que de fils, d'épouses, de mères,
Essuyant des larmes amères,
Pour nous orneront les autels !
Dans les cités que de trophées,
Et dans les temples que d'Orphées,
Rediront nos faits immortels !

Mais avant de fuir ces rivages,
Pleurons les victimes de Mars;
Devant ces sublimes courages,
Humilions nos étendards.
Ah! sur-tout au sein des ténèbres,
D'Achille par nos chants funèbres,
Honorons les mânes chéris;
Et comblons les vœux de Pélée,
En couronnant ce mausolée
De la dépouille de Pâris.

Il dit, et de sa vaste proie,
Accusant le courroux du sort,
Les Grecs sur les débris de Troye
Répètent l'hymne de la mort;
Par d'imposantes funérailles,
Achevant dix ans de batailles,
Ils remontent sur leurs vaisseaux;
Et sur la poupe couronnée,
Tenant sa lyre fortunée,
Chiron calme le Dieu des flots.

CHANT
DE
GUERRE,
CONTRE
L'AUTRICHE.

Non tu hoc loco gravium, non unum hominem
Nescio quem civem romanum, sed communem,
Libertatis et civitatis, causam in illum cruciatum
Et crucem egisti.
    CICERO : *de Supplicis.*

Que Némésis pour nous venger
Apprête ses poignards et ses sucs homicides !
Etouffons des projets perfides
Dans le sang criminel d'un barbare étranger.....
Non, non, Favoris de la Gloire ;
Est-ce à vous de tenter de coupables succès,
Francs comme vos Ayeux par de lâches forfaits
N'achetez pas une indigne Victoire ;
Loin, loin d'obscures trahisons,
N'employez que l'arme des Braves,
Laissez aux Tyrans, aux Esclaves,
Et les poignards et les poisons.

   CHOEUR.

N'employons que l'arme des Braves,

Loin, loin d'obscures trahisons,
Laissons aux Tyrans, aux Esclaves
Et les poignards et les poisons ;
Loin, loin d'obscures trahisons,
N'employons que l'arme des Braves.

O honte ! Ces mêmes Germains
Opulens de Génie, indigens de richesse,
Qui par leurs mœurs et leur sagesse,
Aux plus hautes vertus élevoient les humains ;
Démentant leurs Ayeux sublimes,
Et des droits les plus saints avides oppresseurs,
De Mantoue et d'Olmutz ont comblé les fureurs ;
Et dans Rastadt ont proclamé les crimes
L'honneur, la foi, l'humanité,
Victimes de complots sinistres,
Succombent avec nos Ministres
Dans leur asyle ensanglanté.

CHOEUR.

N'employons que l'arme des Braves, etc.

Shessler, par quels affreux essais,
T'ouvris-tu des combats l'honorable carrière ?
Sur quels bords ta main main meurtrière,
Apprit-elle à frapper des Messagers de Paix ?
Quoi ! les envoyés de la France
Fiers de concilier deux Peuples ennemis,
Pour avoir défendu l'honneur de leur Pays,
Sous tes poignards expirent sans défense !
Ah ! l'Astre vainqueur des frimats
Eclaire à tort cette Contrée,
Qui des Procuste et des Atrée
Nous reproduit les attentats.

CHOEUR.

N'employons que l'arme des Braves, etc.

Tels que les Monstres des déserts,
Dans l'élan convulsif de leur barbare joie,
qui, prêts à dévorer leur proie,
De sourds rugissemens font retentir les airs ;
Dans le sein des Ombres complices
Ils s'élancent armés de glaives, de flambeaux,
Et de leurs ennemis dispersant les lambeaux,
A la Nature ils cachent leurs supplices.
Jouis de tes affreux succès,
VIENNE, tu commis plus d'un crime !
Ta fureur, dans chaque victime,
Egorge le Peuple Français.

CHOEUR.

N'employons que l'arme des Braves.

O toi que l'Eternel vengeur,
Tout meurtri, tout sanglant, arracha de leur rage
Pour dénoncer ce grand outrage ;
Que la nuit crut voiler de sa coupable horreur ;
Dis quel trait déchira ton ame,
Quand tu vis sous le glaive expirer tes amis,
Et sur leur corps épars leur épouse et leur fils,
A la lueur d'une homicide flâme.
Ah ! sans l'Arbitre souverain,
Ce deuil, cette scène exécrable,
Plus que le fer inéxorable,
Dut porter la mort dans ton sein.

CHOEUR.

N'employons que l'arme des Braves, etc.

Vengeance ! Vainqueurs de Fleurus,
Vengeance ! sous nos Lois que VIENNE s'humilie,
Les Conquérans de l'Italie
Doivent-ils redouter le destin de Varus ?
Plus grands après notre Victoire,
Punissons les vaincus par d'éclatants bienfaits ;
Ils voulurent d'affronts couvrir le nom Français,
Pour nous venger rendons les à leur gloire ;
Oui des vertus de leurs Ayeux
Il reste encore quelque étincelle,
Et de leur nouveau Marc-Aurelle
Allons combler les derniers vœux.

CHOEUR.

N'employons que l'arme des Braves, etc.

Descendants des fameux Germains,
De votre Léopold suivez l'exemple auguste,
Comme eux, il fut bon, il fut juste,
Et jamais dans le meurtre il ne trempa ses mains ;
Par l'attentat le plus perfide,
Du Pacte social vous rompîtes les nœuds ;
Lui brisant de Thémis le glaive rigoureux,
De son empire exila l'homicide.
De Lauriers, un jour, nos Héros
Couvriront sa Tombe ennemie,
Et les ronces de l'infamie
Croîtront autour de vos tombeaux.

CHOEUR.

N'employons que l'arme des Braves,
Loin, loin d'obscures trahisons,
Laissons aux Tyrans, aux Esclaves
Et les poignards et les poisons,
Loin, loin d'obscures trahisons
N'employons que l'arme des Braves.

www.ingramcontent.com/pod-product-compliance
Lightning Source LLC
Chambersburg PA
CBHW060554050426
42451CB00011B/1908